Spannendes Rätselbuch Ostern

Vertrieben durch:
© Circon Verlag GmbH
Baierbrunner Straße 27, D-81379 München

Alle Rechte vorbehalten. Nachdruck, auch auszugsweise,
nur mit ausdrücklicher Genehmigung des Verlages gestattet.

Redaktion: Lea Schmid
Text: Barbara Werner
Produktion: Ute Hausleiter
Illustrationen: Kathleen Richter
Titelabbildungen: Svenja Doering
Gestaltung: textum GmbH, Feldafing
Umschlaggestaltung: red.sign GbR, Stuttgart (Anette Vogt)

ISBN 978-3-8174-1393-5
381741393/5

www.circonverlag.de

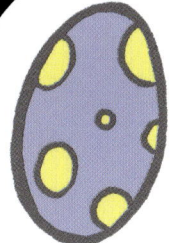
Bilderrätsel

Wie wird aus einem normalen Hühnerei ein Osterei? Ordne die Bilder in der richtigen Reihenfolge und schreibe die Buchstaben auf den Bildern in die Blumen. Das Lösungswort sagt dir, wo du die Eier suchen musst.

Fehlersuchbild

Kleine Pause beim Verteilen der Ostereier!
Findest du die 8 Fehler im unteren Bild?

Hühner zählen

Da sind aber viele Hühner im Stall. Kannst du sie zählen?

Punkt-zu-Punkt-Bild

Der Bauer schmückt den Stall für das Osterfest. Wer hilft ihm dabei? Finde es heraus, indem du die Punkte verbindest.

Labyrinth

Das Küken hat seine Mama verloren. Hilfst du ihm dabei, den richtigen Weg zu finden?

Puzzle

Hurra! Das Osternest ist gefunden. Tom und Klara sind glücklich. Findest du heraus, welches Puzzleteil wohin gehört? Ziehe Striche!

Sudoku

Male die Ostereier so an, dass in jeder Zeile ein gepunktetes, ein gestreiftes und ein Ei mit Herz vorkommt.

Kannst du das auch mit Blumen? Male die Blüten so an, dass in jeder Zeile eine Blume mit drei Blütenblättern, mit vier Blütenblättern und mit fünf Blütenblättern zu sehen sind.

Schattenbild

Nur ein Schatten stimmt mit dem putzigen Lämmchen überein. Welcher ist es?

E

A

D

C

B

Buchstabensalat

Bei Familie Osterhase gibt es heute Buchstabensalat zum Mittagessen. Aber wem gehört welcher Teller? Bringe die Buchstaben in die richtige Reihenfolge. Sie verraten dir den rechtmäßigen Besitzer. Verbinde jeden Teller mit dem Hasen, zu dem er gehört.

Hasenschule

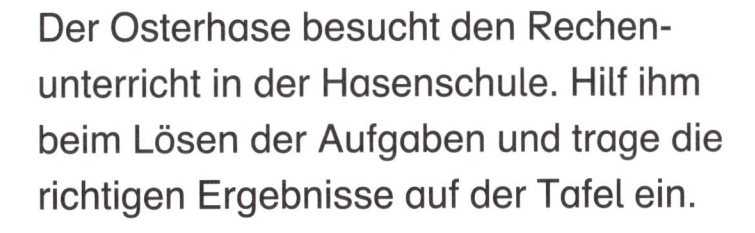

Der Osterhase besucht den Rechenunterricht in der Hasenschule. Hilf ihm beim Lösen der Aufgaben und trage die richtigen Ergebnisse auf der Tafel ein.

Labyrinth

Familie Hund sucht Ostergeschenke. Wem gehört welches Nest?

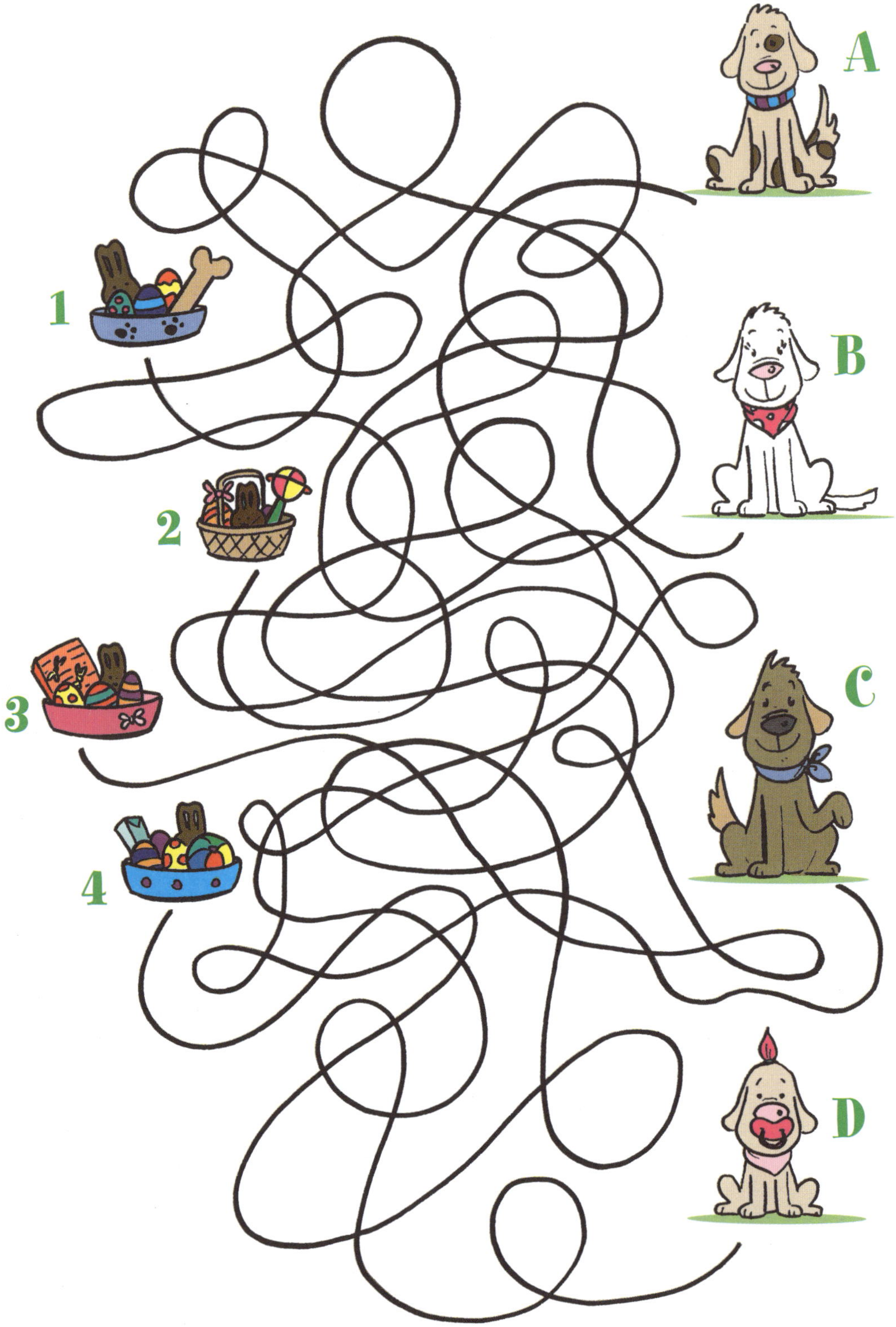

Unterschiede suchen

Laura und Ida packen ihre Osterkörbe aus. Sie haben beide das Gleiche geschenkt bekommen – bis auf einen Gegenstand. Welcher ist es? Kreise ihn ein!

Malrätsel

Male alle Felder mit Punkt aus. Dann siehst du, wer sich hier versteckt.

Bilderrätsel

Kreise in jeder Zeile das Bild ein, das nicht zu den anderen Bildern passt.

Suchbild

Der Osterhase hat im Kinderzimmer Schokohasen, Eier und Bonbons versteckt. Wie viele von jeder Sorte findest du?

Zuordnungsrätsel

Huch, hier ist bei den Ostervorbereitungen aber einiges durcheinandergeraten. Der Osterhase braucht deine Hilfe! Markiere alle Dinge, die in die Dekokiste gehören, mit einem Kreuz. Gegenstände, die in die Küche gehören, kreist du ein.

Zuordnungsrätsel

Der Osterhase bringt seinen Freunden im Hasenstall eine Leckerei vorbei. Aber wohin muss er welche Möhre bringen? Verbinde die Möhren mit dem richtigen Stall.

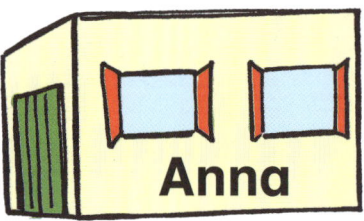

Labyrinth

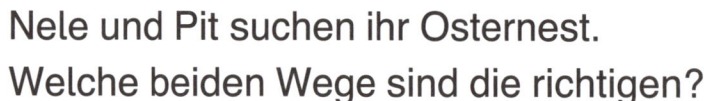

Nele und Pit suchen ihr Osternest.
Welche beiden Wege sind die richtigen?

Gleiche suchen

Das sind aber viele Ostereier. Wer genau hinschaut, sieht, dass zwei Eier genau gleich sind. Kreise sie ein.

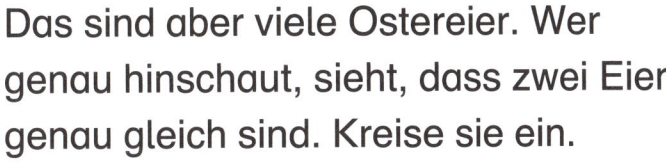

Zuordnungsrätsel

Das Wort Ostern beginnt mit einem O. Kreise alle Gegenstände, Menschen und Tiere ein, die auch mit diesem Buchstaben beginnen.

Punkt-zu-Punkt-Bild

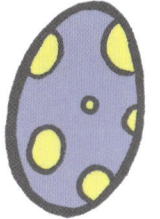

Wer sucht gerade sein Osternest? Verbinde die Punkte und finde es heraus. Wenn du Lust hast, kannst du das Bild ausmalen.

Puzzle

Ostern bei Familie Eichhörnchen! Alle sitzen um den reich gedeckten Frühstückstisch herum. Findest du heraus, welches Puzzleteil wohin gehört? Verbinde!

Schattenrätsel

Anton hat sich den größten Korb von seiner Mama ausgeliehen, um im Garten Ostereier zu suchen. Nur ein Schatten ist identisch mit dem farbigen Bild. Welcher ist es?

A

B

C

D

E

Bilderrätsel

Die Küken auf dem Bauernhof sind aufgeregt: Ostern steht vor der Tür! Sortiere die Küken nach ihrer Größe, beginnend beim kleinsten. Die Buchstaben verraten dir, wer ihnen bei den Festvorbereitungen helfen soll. Trage sie in der richtigen Reihenfolge in die Blumen ein!

Lämmer zählen

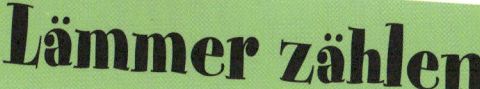

Oje, das sind viele Lämmer! Hilfst du, sie zu zählen? Wenn du Lust hast, kannst du sie auch noch ausmalen.

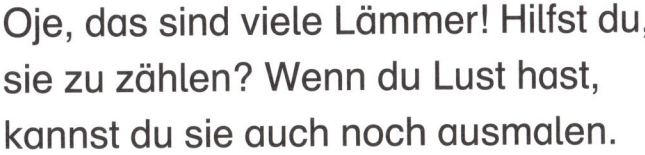

Labyrinth

Der Hase hat seinen Korb mit Eiern verloren. Hilf ihm dabei, den richtigen Weg durch das Labyrinth zu finden.

Zuordnungsrätsel

Die Vorbereitungen für das Osterfest laufen auf Hochtouren. Alle Tiere helfen zusammen. Das Küken malt die Eier an, das Lämmchen schmückt den Stall und der Hase versteckt die Geschenke. Ordne mit Linien zu, wer welche Hilfsmittel für seine Arbeit benötigt.

Eier anmalen

Der Osterhase hat im Garten viele Eier versteckt. Wie viele gepunktete Eier findest du, wie viele gestreifte und wie viele karierte?

Buchstabensalat

Oje! Der Osterhase hat seinen Korb fallen gelassen. Nun sind alle Kindernamen, die er auf die Eier geschrieben hat, durcheinandergepurzelt und ein Buchstabe fehlt sogar. Welcher ist es? Ergänze den fehlenden Buchstaben auf dem Ei.

Gleiche suchen

Der Osterhase trifft sich mit seinen Helfern. Auf den ersten Blick sehen alle unterschiedlich aus. Aber zwei Hasen sind genau gleich. Kreise sie ein.

Fehlersuchbild

Der Hase holt im Hühnerstall seine Eier ab. Im unteren Bild haben sich acht Fehler eingeschlichen. Findest du sie?

Zusammengesetzte Wörter

Die Bilder in einer Reihe ergeben ein zusammengesetztes Wort. Weißt du, welches es ist? Schreibe es auf die Linie.

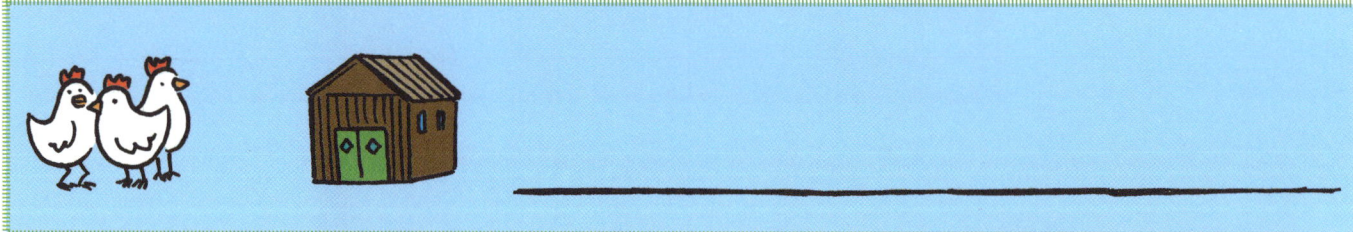

Punkt-zu-Punkt-Bild

Wer sitzt im Osternest? Finde es heraus, indem du die Punkte verbindest.

Bilderrätsel

Welche Tiere legen Eier? Kreise sie ein.

Schattenbild

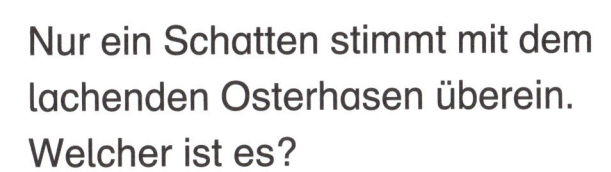

Nur ein Schatten stimmt mit dem lachenden Osterhasen überein. Welcher ist es?

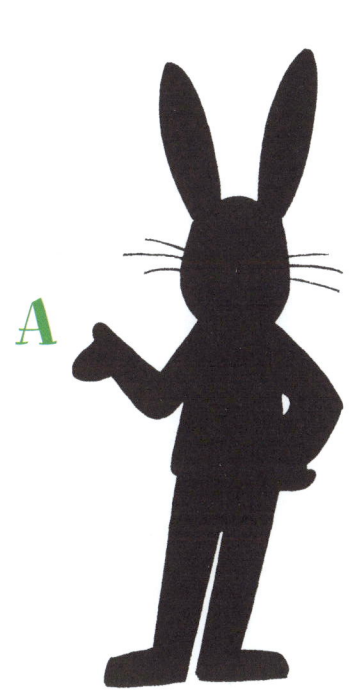

E

A

D

C

B

Eier zählen

Der Osterhase hat sich verzählt: Er wollte in jedes Nest 4 Eier legen. In welchem Nest liegen weniger, in welchem mehr Eier? Streiche Eier, die zu viel sind, und ergänze dort Eier, wo sie fehlen.

Malrätsel

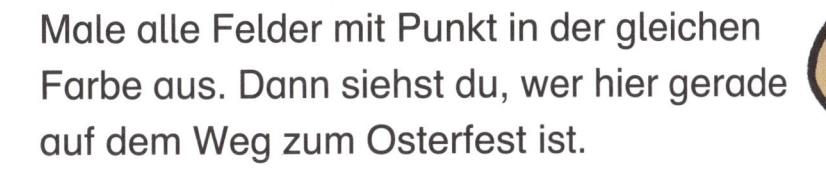

Male alle Felder mit Punkt in der gleichen Farbe aus. Dann siehst du, wer hier gerade auf dem Weg zum Osterfest ist.

Reimen macht Spaß!

Finde zu jedem Bild das passende Reimwort und verbinde diese mit einer Linie.

Punkt-zu-Punkt-Bild

Familie Maus feiert Ostern. Aber wer hat sich da hinter dem Schrank versteckt? Verbinde die Zahlen und finde es heraus. Wenn du magst, kannst du das Bild auch noch ausmalen.

Labyrinth

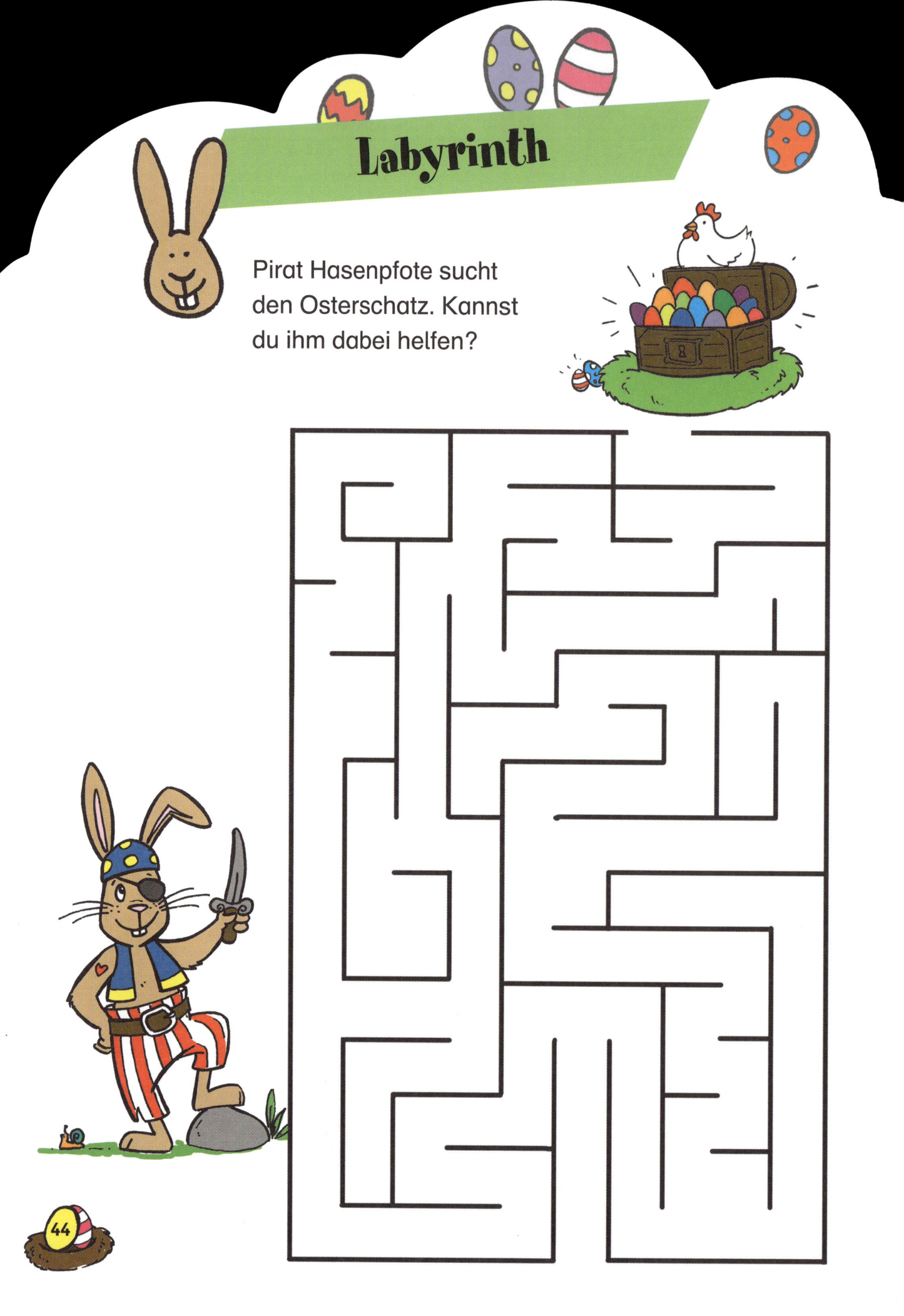

Pirat Hasenpfote sucht den Osterschatz. Kannst du ihm dabei helfen?

44

Bilderrätsel

Der Osterhase breitet alle Geschenke, die er dieses Jahr den Kindern bringt, vor sich aus. Schreibe die Anfangsbuchstaben der Gegenstände in die zugehörigen Kästchen.

☐ U C H

☐ U T O

☐ P F E L

☐ E D D Y

☐ U P P E

☐ A L L

☐ O N B O N

☐ C H O K O L A D E

Zahlenrätsel

Auf jedem Blütenblatt der Osterglocke stehen Zahlen von 1 bis 6. Eine Ziffer fehlt allerdings jeweils. Ergänze sie!

Blumen suchen

Der Osterhase hüpft über eine Frühlingswiese. Wo findest du die Blumen, die oben abgebildet sind? Kreise diese im Bild ein.

47

Fehlersuchbild

Fröhliche Eiersuche auf dem Reiterhof. Findest du die sieben Fehler im unteren Bild?

Gleiche suchen

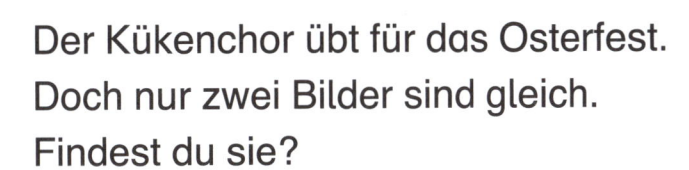

Der Kükenchor übt für das Osterfest.
Doch nur zwei Bilder sind gleich.
Findest du sie?

1

2

3

4

5

49

Buchstabensalat

Lecker! Heute wird ein Kuchen für das Osterfest gebacken. Doch bei jedem Kuchen muss noch eine Zutat in die Schüssel. Welche ist es? Ordne die Buchstaben in der richtigen Reihenfolge und verbinde die Schüssel mit der richtigen Zutat.

SALZ — MEHL — ZUCKER — MILCH — EIER

Labyrinth

Lecker! Jeder darf sich beim Osterfrühstück aussuchen, was ihm am besten schmeckt. Aber wer mag welches Essen am liebsten?

Punkt-zu-Punkt-Bild

Der Osterhase versteckt Geschenke für die Tiere im Wald. Wer schaut ihm dabei zu? Du findest es heraus, indem du die Zahlen verbindest. Male das Bild anschließend aus.

Suchbild

Das Lamm lädt seine Freunde zum Osterfest ein. Dafür hat es bereits den Tisch gedeckt und dekoriert. Schreibe in die Kästchen, wie oft die darüber abgebildeten Gegenstände auf der Kuchentafel vorkommen.

Zuordnungsrätsel

Verbinde, welcher Ausschnitt zu welchem Bild gehört.

Sudoku

Male die leeren Kästchen so aus, dass in jeder Zeile und in jeder Spalte ein Küken, ein Hase und ein Osterei vorkommen.

Kannst du das auch mit Buchstaben? In jeder Zeile und in jeder Spalte soll jeder Buchstabe genau einmal vorkommen.

Gleiche suchen

Es gibt noch viel zu tun in der Osterbäckerei.
Doch nur zwei Bilder sind gleich. Findest du sie?

Labyrinth

Großes Osterturnier im Hühnerstall! Wer rollt das Ei am schnellsten ins Nest? Hilf dem Küken dabei, den richtigen Weg zu finden!

Punkt-zu-Punkt-Bild

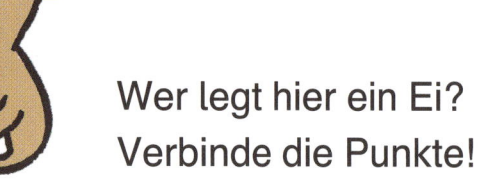

Wer legt hier ein Ei?
Verbinde die Punkte!

Suchbild

Der Tisch für das Osterfrühstück ist reich gedeckt. Ein paar Dinge haben sich eingeschlichen, die nicht auf einen Frühstückstisch passen. Kreise diese ein.

Schattenbild

Nur ein Schatten stimmt mit dem geschmückten Osterstrauch überein. Welcher ist es?

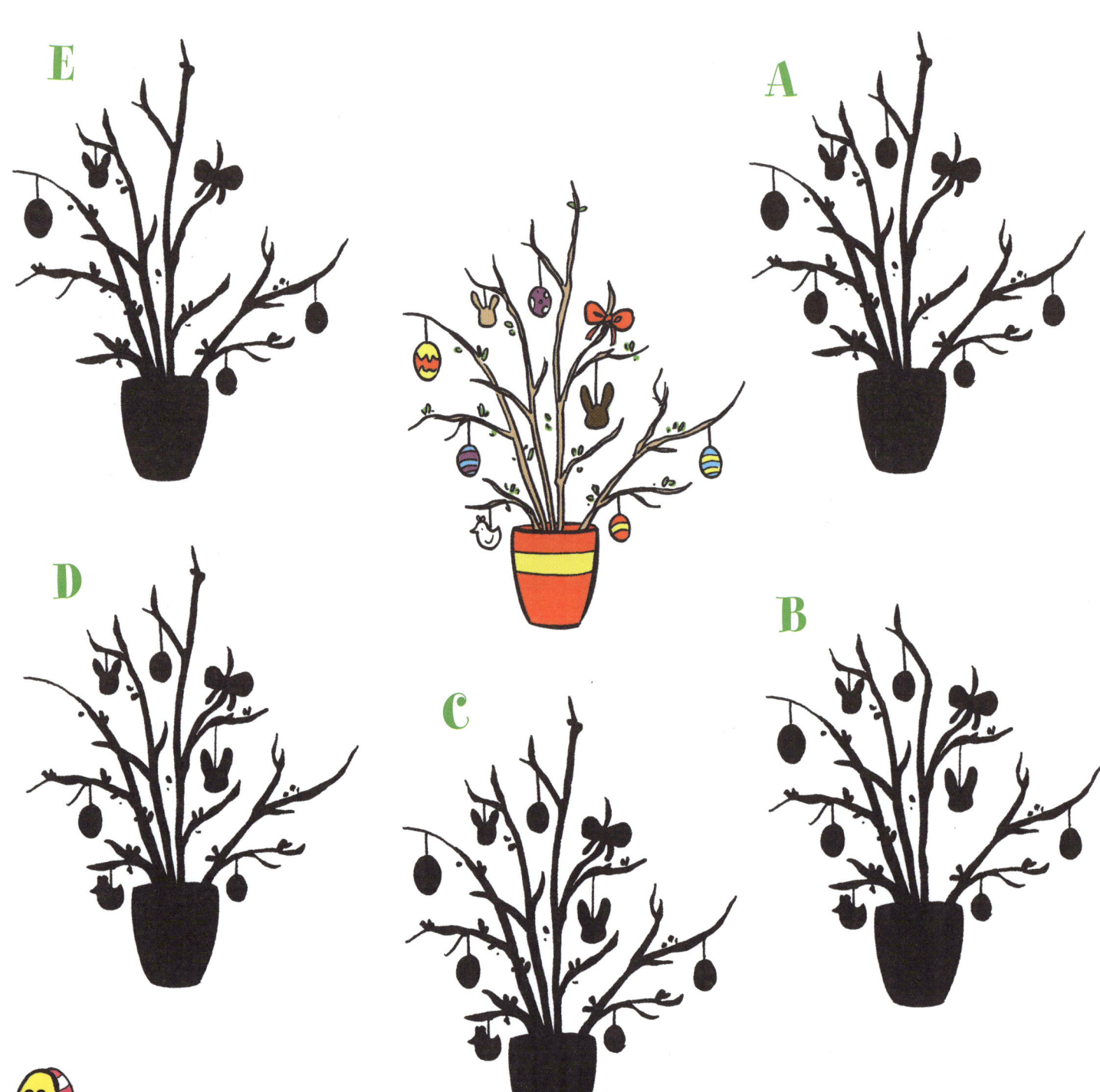

Lösungen

Seite 3: NEST

Seite 4:

Seite 5: Es sind 15 Hühner.

Seite 6:

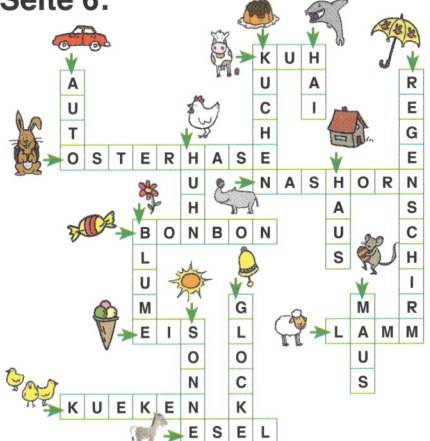

Seite 7:

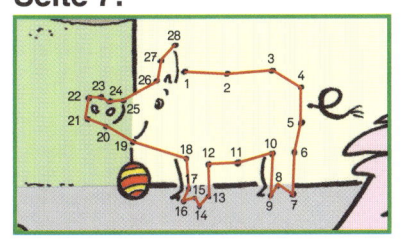

Seite 8:

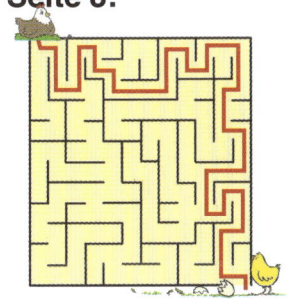

Seite 9:

Seite 10:

Seite 11: Schatten D ist der richtige.

Seite 12:

Seite 13:

Seite 14: 1C, 2D, 3B, 4A

Seite 15:

Seite 16:

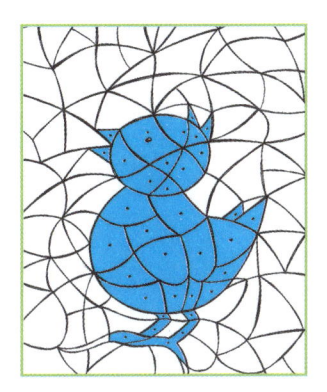

Seite 17:

Seite 18: 9, 5, 6

Seite 19:
Gegenstände, die in die Küche gehören:

Gegenstände, die in die Dekokiste gehören:

61

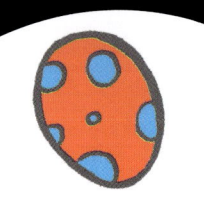

Seite 20:

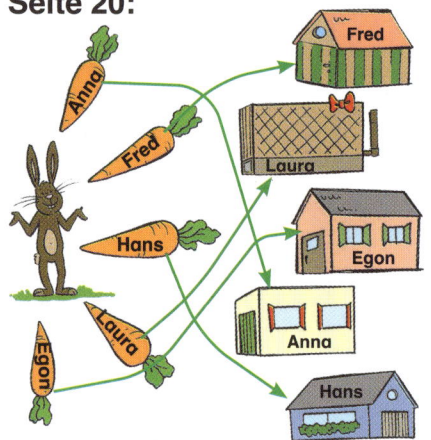

Seite 21:

Seite 22:

Seite 23:

Seite 24: Ober, Ofen, Osterhase, Oma, Orange, Osterglocke, Ohr

Seite 25:

Seite 26:

Seite 27: Schatten C ist der richtige.

Seite 28: HAHN

Seite 29: Es sind 20 Lämmer.

Seite 30:

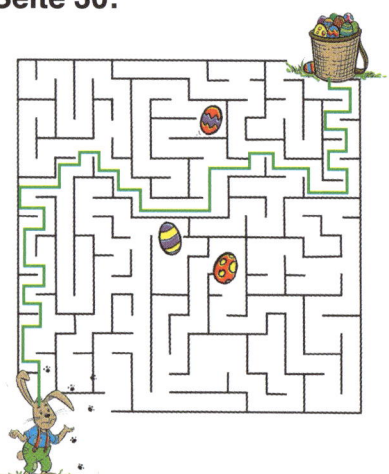

Seite 31:

Seite 32: Es gibt 5 gepunktete, 5 gestreifte und 5 karierte Eier.

Seite 33:

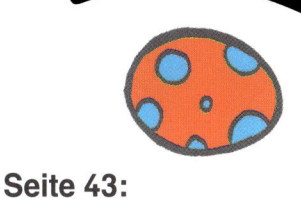

Seite 34:

Seite 35:

Seite 36: Schokoladenhase
Eierfarbe
Hühnerstall
Osternest
Lammbraten

Seite 37:

Seite 38:

Seite 39: Schatten B ist der richtige.

Seite 40:  Anzahl stimmt

+ 1 Ei   − 1 Ei   + 2 Eier

− 1 Ei   + 1 Ei   + 3 Eier

Seite 41:

Seite 42:

Ungeheuer – Osterfeuer    Ei – Hai

Strauß – Maus    Vase – Hase

Schwan – Hahn    Lamm – Schwamm

Seite 43:

Seite 44:

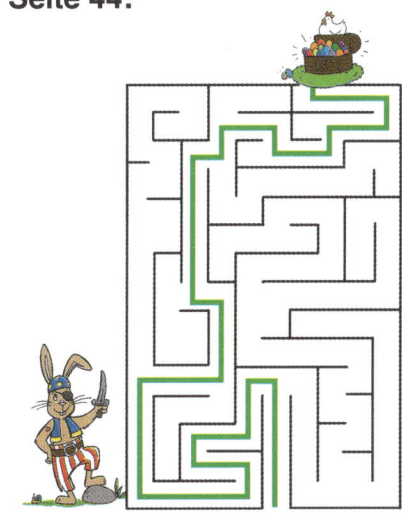

Seite 45:

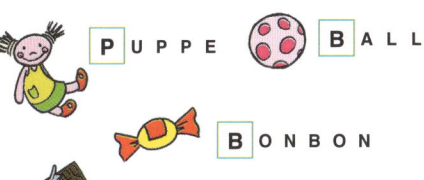

BUCH   AUTO

APFEL   TEDDY

PUPPE   BALL

BONBON

SCHOKOLADE

Seite 46:

Seite 47:

Seite 48:

Seite 49: Die Bilder 2 und 5 sind gleich.

Seite 50:

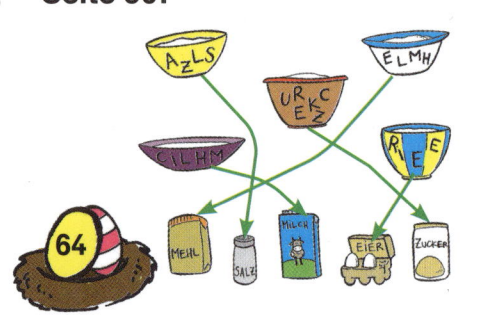

Seite 51: 1D, 2B, 3A, 4C

Seite 52:

Seite 53:

Seite 54:

Seite 55:

Seite 56: Die Bilder 1 und 4 sind gleich.

Seite 57:

Seite 58:

Seite 59:

Seite 60: Schatten C ist der richtige.